Chen

Lächelnde List

Chao-Hsiu Chen

Lächelnde List

3 x 36 Erfolgs-Strategeme
aus dem alten China

ATLANTIS

wird herausgegeben von Hans Christian Meiser

Die Deutsche Bibliothek – CIP-Einheitsaufnahme
Chen, Chao-Hsiu:
Lächelnde List : 3 x 36 Erfolgsstrategien aus dem alten
China / Chao-Hsiu Chen. – Kreuzlingen ; München :
Hugendubel, 2001
(Atlantis)
ISBN 3-7205-2184-2

Umschlaggestaltung: Zembsch'Werkstatt, München,
unter Verwendung einer Zeichnung von
Chao-Hsiu Chen
Produktion: Maximiliane Seidl
Satz: EDV-Fotosatz Huber/Verlagsservice
G. Pfeifer, Germering
Druck und Bindung: Huber, Dießen
Printed in Germany

ISBN 3-7205-2184-2

Inhalt

Vom Gebrauch und Nutzen
dieses Buches

Nicht selten gleicht das Leben einem Schlacht-
feld und vieles von dem, was wir täglich unternehmen, artet in einen richtigen Kampf aus.
Und obwohl dabei ein jeder gewinnen möchte,
gelingt es nur wenigen, oft und anhaltend den
Sieg davonzutragen. Um als Sieger aus einem
Kampf hervorzugehen, bedarf es weniger der
Kraft als vielmehr einer ausgeklügelten Strategie. Allein diese macht die Kunst des Kämpfens
und das Geheimnis des Gewinnens aus.

Die Geschichte des Chinesischen Reiches ist
5000 Jahre alt, doch während dieser ganzen Zeit
gab es nicht eine einzige Friedensperiode, die
länger als 100 Jahre währte. Politische und militärische Auseinandersetzungen, diplomatische
Intrigen, Bürgerkriege, Revolutionen wechsel-
ten sich ab und hatten einen nicht enden wollen-
den Wechsel von Dynastien zur Konsequenz.

Doch um all diese Kämpfe austragen zu können, bedurfte es großer Strategen, Meister der
List und Täuschung, deren Aufgabe es war,

durch ihre gedankliche Arbeit ihrem Kaiser und ihrem Land zum Sieg zu verhelfen. Viele dieser Strategien wurden überliefert, sind heute als *Strategeme* sogar sprichwörtlich geworden und werden auf das alltägliche Leben angewandt, da die in ihnen verborgene Weisheit weit über ihren ursprünglichen Zweck des Kriegführens hinausgeht. Vertieft man dieses altchinesische Wissen, ist es möglich, ohne großen Zeitaufwand die beste Strategie zu finden, um den größtmöglichen Erfolg auf kürzestem Wege zu erlangen – und zwar nicht nur, wenn die Situation günstig für einen ist, sondern auch und gerade dann, wenn sich das Schicksal gegen einen gerichtet zu haben scheint.

Die in diesem Buch versammelten 3 x 36 *Strategeme* stammen entweder aus den alten Schriften »Sun Tse Bin Fa« (»Die militärischen Listen des Sun Tse«), »Sanshiliu Gi« (»36 *Strategeme*«) und »Tai Gong Lio Tau« (»Militärische Überlegungen des Tai Gong«) oder wurden von ihnen sowie von historischen Ereignissen inspiriert. Auch wenn sie sich vordergründig auf Militärisches beziehen, lassen sie sich ohne Weiteres auf alle Lebenslagen übertragen, auf Auseinandersetzungen und Zweifel im Berufs-, Geschäfts-, Liebes- und Alltagsleben. Ihre Weisheit hilft, selbst die schwierigsten Situationen zu meistern.

Es gibt Menschen, die Tiere zum Kämpfen abrichten; es gibt Menschen, die dafür ausgebildet sind, mit Tieren zu kämpfen; es gibt aber auch welche, die gelernt haben, wie man gegeneinander kämpft, alleine oder in der Gruppe. Doch wer immer diese Menschen sind, und wie gut ihre Ausbildung auch sein mag, ohne die richtige Strategie werden nur die wenigsten gewinnen. Starke Muskeln ohne Gehirn garantieren noch keinen Erfolg; ein Gehirn ohne Muskeln gleicht einem Baum ohne Wurzeln, der weder dem Sturm noch dem Regen widerstehen wird können; und selbst ein vortreffliches Gehirn ist ohne Muskeln wie ein Bäumchen, dessen Wurzeln noch Zeit zum Wachsen brauchen, damit später Sturm und Regen getrotzt werden kann.

Die *Strategeme* dagegen gleichen großen Bäumen mit tiefen Wurzeln. Hat man sie erst einmal entdeckt, kann man sicher sein, dass man unter ihren Ästen und Zweigen Schutz findet. Wann immer man sie aufsuchen muss, wird man sich auf ihren Beistand verlassen können.

Letztlich sind die *Strategeme* reine Lebens- und Überlebensphilosophie, mit der man sich und anderen helfen kann. Man sollte die Listen aber nicht anwenden, um andere zu verletzen, denn wer dies plant, muss damit rechnen, selbst verletzt zu werden. Daher ist es nötig, niemals zu vergessen, dass der Schmetterling und die Biene sich nicht gegenseitig töten, wenn sie um die Gunst der Blüte buhlen, die beide bedienen wird, damit sie ihr helfen, auch weiterhin ihre Schönheit ausbreiten zu können.

Die im ersten Teil des Buches vorgestellten *Strategeme* sind in drei Kapitel unterteilt, von denen jedes ein eigenes Ziel besitzt. Alle zusammen aber bilden jene »hohe Schule der lächelnden List«, die zu meistern nun nicht mehr unmöglich ist. Das erste Ziel erklärt, wie es gelingen kann, sich selbst im »Kampf« zu stärken, das zweite, auf welche Gemeinheiten seiner Gegner man vorbereitet sein muss, und das dritte, wie man mit mehr Weisheit den Unbilden des Lebens begegnet. Im zweiten Teil des Buches finden sich dann die wichtigsten Begriffe, die im modernen Leben unter Umständen von Problemen begleitet werden. Jedem Begriff sind drei Aussagen zugeordnet. Steht man einer Schwierigkeit gegenüber und sucht nach einer Antwort, genügt es, unter dem entsprechenden Stichwort nachzuschlagen. Neben der Aussage findet sich dann die Nummer des *Stratagems*, das die Lösung des Problems herbeiführen mag, sodass das Buch einen großen praktischen Nutzwert aufweist.

Es ist die Vergangenheit, aus der man für die Zukunft lernen kann. Es ist der Erfolg anderer, an dem man sich selbst messen sollte. Und es sind die Fehler anderer, die einen die Wachsamkeit lehren. Nichts geschieht rein zufällig. Alles unterliegt einem Plan. Mit diesem Plan sind Sie jetzt ein Meister Ihres Lebens, auch wenn noch ein bisschen Glück hinzukommen muss. Doch Glück bedeutet auch, den rechten Zeitpunkt, den rechten Ort und die richtige Person für sein Vorhaben zu finden. Die *Strategeme* helfen, das Glück zu erkennen, anstatt darauf zu warten, dass es irgendwann einmal von selbst eintritt. Als Meister des Lebens überlässt man nichts dem Zufall und ist immer gewappnet. Deshalb gehört man dann auch zu der kleinen Gruppe der Sieger und Gewinner.

Ich habe diesem Buch 36 meiner Bambusbilder beigefügt, und zu jedem von ihnen habe ich einen Sinnspruch verfasst, der zur Vertiefung der *Strategeme* anregen soll. Ich wählte den Bambus deshalb, weil er in der chinesischen Kunst als größtes Symbol für Unbeugsamkeit gilt und daher für Gewinnen steht. Die Widrigkeiten der Natur vermögen den Bambus zu biegen, brechen können sie ihn nicht. Und es dauert nicht lange, da richtet er sich voller Stolz wieder auf. Kein Zweifel: Er ist der vollendete Sieger. Seine List besteht darin, nur vorzugeben, besiegt zu sein, um dann, wenn der Gegner sich von ihm abwendet, wieder emporzuschnellen. Der Bambus ist ein kluger, listenreicher Lebensmeister...

I

DIE DREI
GROSSEN ZIELE

Hinweis: Die nun folgenden 3 x 36 Strategeme sind in drei Kapitel unterteilt. Jedem Strategem ist eine Interpretation beigestellt, die den tieferen Sinn des Satzes erklärt. Im zweiten Teil des Buches finden Sie die Fragen des Lebens, denen jeweils ein Strategem zugeordnet ist, das Sie wiederum in diesem ersten Teil der »Lächelnden List« finden.

Das erste Ziel

Sich selbst stärken

Strategem 1

EIN GUTES PFERD VON SELBST RENNEN LASSEN

Wer stark werden möchte, sollte danach
trachten, sich von allen äußeren Einflüssen frei
zu machen. So kann er es vermeiden, andere um
einen Gefallen bitten zu müssen, der ihn in
Abhängigkeit bringen würde. Auch wird
niemand mehr Macht über ihn ausüben oder
seine innere und äußere Entfaltung behindern.
Er selbst bestimmt, was geschieht.
Die Unabhängigkeit erlaubt es, zu freier
Entscheidung zu finden.

Strategem 2

DURCH FLEISSIGES POLIEREN GROSSEN GLANZ SCHAFFEN

Das weite Feld des Lernens kennt keine
Grenzen, und nur durch vertieftes Studium
kann man das erreichen, was man möchte.
Wer sich anstrengt und voller Freude sich
bemüht, wird eines Tages Erfolg haben,
selbst wenn ihn viele Rückschläge ereilen.
Auch durch Nichtstun haben manche Erfolg,
aber dieser strahlt dann keinen Glanz ab.
Und nur der Glanz ist es, der den Erfolgreichen
noch erfolgreicher macht.

Strategem 3

MIT
OFFENEN AUGEN
DEN KLAREN BLICK
SCHÄRFEN

Jede Kleinigkeit, mag sie noch so unbedeutend
erscheinen, ist wichtig. Es gibt nichts,
das keinen Sinn hätte, da alles miteinander in
Beziehung steht. Deshalb ist es nötig, die Augen
vor nichts und niemandem zu verschließen,
denn nur dann vermag man wirklich zu
erkennen, was einem gegenübersteht.
Dem Kleinen soll man Achtung schenken,
dem Großen Aufmerksamkeit.

Strategem 4

WERTVOLLES MIT WERTLOSEM ANZIEHEN

Leere Worte zu äußern
bringt großen Vorteil: andere werden sich
um bessere Vorschläge bemühen,
um sich dadurch ins rechte Licht zu rücken.
Wer nichts Sagendes spricht,
ermutigt andere zu Gewinn bringendem
Reden.

Strategem 5

DER RECHTEN NICHT ZEIGEN, WAS DIE LINKE VERBIRGT

Wenn man schlecht vorbereitet ist, ist es klug,
seine Pläne nicht preiszugeben.
Und selbst wenn man gut vorbereitet ist,
sollte man nicht alles offenbaren. Es ist wichtig,
immer über weitere Möglichkeiten zu verfügen,
um auf unvorhergesehene Ereignisse effizient
reagieren zu können.

Als schlaues Kaninchen drei Verstecke anlegen

Die Welt steckt voller Jäger. Und jeder Jäger bedeutet Gefahr. Jeder Gejagte kennt ein Versteck. Doch auch der Jäger kennt es. Deshalb ist es nötig, den Jäger in die Irre zu führen und ihm ein leeres Versteck anzubieten, während man sich selbst schon längst in Sicherheit gebracht hat.

Ohne Unterlass danach streben,
sich selbst zu verbessern.

Strategem 7

ALS FUCHS DIE KRAFT DES TIGERS LEIHEN

Wenn man etwas erreichen möchte, aber weiß, dass man dafür eigentlich nicht die nötigen Voraussetzungen mitbringt, ist es klug, sich die Macht zu borgen, indem man sich stets in der Nähe der Mächtigen aufhält und an ihrem Status wächst.

Strategem 8

VOM GAST ZUM GASTGEBER WERDEN

Als Gast findet man sich meist in einer
unterwürfigen, abhängigen Rolle wieder.
Als Gastgeber aber kontrolliert man die Szene.
Um die Rollen zu tauschen, ist es nötig,
mehr Einladungen auszusprechen
als anzunehmen.

Strategem 9

DAS BOOT VERSENKEN, NACHDEM MAN DAS UFER ERREICHT HAT

Im Leben kann man zurückblicken, aber nicht zurückgehen. Wer etwas erreicht hat, mag sich daran erfreuen, aber er darf an diesem Punkt nicht stehen bleiben. Er muss sich Neuem zuwenden, um sich selbst weiterzuentwickeln. Denn wer sich nicht weiterentwickelt, hat keine Ziele mehr. Und wer keine Ziele mehr kennt, ist eigentlich schon nicht mehr lebendig.

Strategem 10

DIE SÄNFTE AUFGEBEN, UM DEN KAISER ZU RETTEN

Es gibt Situationen, in denen es nötig ist,
etwas Wertvolles zu opfern,
um etwas noch Wertvolleres zu retten.
Doch dafür bedarf es einer schnellen
und mutigen Entscheidung,
auch wenn man manches Mal nicht weiß,
was das Wertvollere ist, oder sich von
dem vermeintlich weniger Wertvollen
nicht trennen will.

Strategem 11

MIT
WUNDEN
VERTRAUEN
FISCHEN

Um das Vertrauen eines anderen zu gewinnen, ist es von Vorteil, die eigenen Stärken nicht hervorzuheben, sondern das Gegenteil zu unternehmen: Ist man verletzt, ruft man bei ihm Hilfsbereitschaft und Mitgefühl hervor. Man kann sich auch selbst eine Wunde zufügen, um den anderen zu zeigen, dass man bereit ist, für sie ein Opfer zu bringen. Nützlich ist es natürlich, nur vorzugeben, man sei verletzt.

---------------- 訏 ----------------

Strategem 12

DIE SPEISEN
LANGSAM
GAREN LASSEN

————————————

Oftmals ist es besser, sein Handeln
hinauszuschieben, als gedankenlos eine Tat
der anderen folgen zu lassen. Jede Handlung
muss bedacht sein, bevor man sie in die
Wirklichkeit umsetzt. Auch wenn
Entscheidungen anderer anstehen, ist es oftmals
besser, sie mit Geschick hinauszuzögern,
weil man spürt, dass die Zeit noch nicht reif
genug ist oder weil man durch die Entscheidung
selbst einen Nachteil in Kauf nehmen müsste.

Freue dich der Erinnerung.

Strategem 13

Den Drachen mit dem Wind ziehen lassen

Der Mensch vergisst meist,
dass er ein Teil der Natur ist und dass
diese unberechenbar ist.
Er meint, alles tun zu können, ohne auf die
natürlichen Vorgänge achten zu müssen –
bis ihn die Natur eines Besseren belehrt.
Daher ist es sinnvoll und Gewinn bringend,
sich mit der Natur zu verbünden, als gegen
sie zu handeln.

Strategem 14

DIE SCHÖNSTE ALLER PERÜCKEN TRAGEN

Steht man etwas Großem oder Mächtigem
gegenüber und fürchtet man sich davor,
hat man zwei Möglichkeiten: entweder man
bleibt so klein wie man ist und wird zur Beute,
oder man gibt vor, genauso groß und mächtig
oder sogar noch größer und mächtiger zu sein.
In letztgenannten Fall kann sogar das
Gegenüber selbst zur Beute werden.

Strategem 15

LÄRMEN IM OSTEN, ANGREIFEN IM WESTEN

Durch die Kunst der Ablenkung
vermag man sein Ziel zu erreichen.
Oft ist eine solche List nötig, denn nicht
immer führt der direkte Weg zum Erfolg.
Um der Aufmerksamkeit des Gegners
eine andere Richtung zu verleihen,
muss man ihn links küssen, um ihn rechts
zu schlagen.

Strategem 16

MIT LEICHTER HAND DAS SCHAF, DAS VORÜBERKOMMT, WEGFÜHREN

Es gibt Momente, die sich nur
ein einziges Mal ereignen.
Auf diese muss man immer vorbereitet sein,
um seine Chance nicht zu verpassen.
Begreift man, dass sich eine solche
Gelegenheit bietet, bedarf es
keiner Anstrengung mehr, um davon
zu profitieren.

BALKEN STEHLEN, PFOSTEN DURCH VERFAULTES HOLZ ERSETZEN

Gutes durch Schlechtes zu ersetzen
hilft dabei, sein Ziel zu erreichen, ohne dass es
ein anderer merkt, weil er nicht in der Lage ist,
die wahre Absicht zu erkennen.
Schönes durch Hässliches zu ersetzen führt
zu demselben Ergebnis. Täuschung ist ein
gutes Mittel, andere davon abzuhalten,
die eigenen Pläne zu durchkreuzen.

Strategem 18

AUSGERUHT DEN MÜDEN FEIND ERWARTEN

Den Gegner zu ermüden ist die beste
Vorbereitung, den Sieg davonzutragen.
Aber wie erschöpft man ihn?
Indem man ihn stets den ersten Schritt
unternehmen lässt und das eigene Handeln
nur auf das Reagieren beschränkt.

Das Erreichte nicht zerstören.

Strategem 19

DIE STILLE NUTZEN, UM LÄRM ZU MACHEN

Diese Taktik ist angebracht, wenn man möchte,
dass sich das Gegenüber sicher wähnt.
Während es meint, nichts fürchten
zu müssen, weil nichts geschieht, folgt der
Überraschungsangriff. Man kann auch
vorgeben, etwas zu tun, um gleichzeitig etwas
anderes zu unternehmen.

Strategem 20

GROSSES THEATER
AUFFÜHREN, UM
VON SICH ABZULENKEN

———————

Weiß man um die Schwachstellen seiner selbst
und hat Anlass, sie nicht öffentlich zu
präsentieren, ist es sinnvoll, sich so zu geben,
als wäre man frei von jedem Makel.
Auf diese Weise erreicht man mit geringem
Aufwand großen Erfolg.

Strategem 21

ALS GOLD DAS FEUER NICHT FÜRCHTEN

Wer sich seine Schwächen eingesteht und weiß,
dass er verwundbar ist, wird bei Niederlagen
angemessen reagieren können:
Es ist ihm bewusst, dass er an sich selbst
wachsen muss, um auf diese Weise alle
künftigen Fehlschläge zu vermeiden.

Mit einem Stein die Beschaffenheit der Strasse prüfen

Was auch immer man unternimmt –
zuvor sollte man feststellen, ob das
Unternehmen auf festem Boden steht.
Ohne Stabilität lässt sich nichts erreichen
und man verliert trotz aller Euphorie.
Hoffnung alleine bringt selten Erfolg.

Strategem 23

Einen fremden Mantel borgen, um erneut zu beginnen

Wenn man enttäuscht wurde, ist es ratsam,
die Hoffnung nicht aufzugeben,
sondern sich nach jemandem umzusehen,
mit dem man sich verbünden kann,
um in dessen Namen einen neuen Anfang
zu schaffen.

Strategem 24

DEN WASSERBÜFFEL DEN PFLUG ZIEHEN LASSEN

Um seine Ideen zu verwirklichen,
bedarf es des rechten Untergrunds und somit
verschiedener Personen, die einem bei der
Umsetzung nützlich sind und einem dadurch
helfen, die eigene Machtposition auszubauen.
Andere für seine Pläne einzuspannen
ist sinnvoll.

Reich ist der Zufriedene.

Strategem 25

AM ZIEL
SEINE WEGBEGLEITER
VERABSCHIEDEN

Hat man das erreicht, was man möchte, ist es
sinnvoll, ohne diejenigen weiterzumachen, die
einen bis zu diesem Ziel begleitet haben.
Warum? Weil jeder der Begleiter nunmehr
weiß, wie man das Ziel erreicht hat, welcher
Mittel man sich dabei bediente und welche
Schwächen man womit übertünchte. All diese
Tatsachen können ab jetzt öffentlich gemacht
werden. Außerdem wollen die meisten Begleiter
am erreichten Erfolg teilhaben, denn sie waren
es ja, die einen zu Ruhm und Ehre führten.

Strategem 26

DAS DACH
VOR DEM
REGEN
INSTAND SETZEN

Das »I Ging«, das berühmte »Buch der
Wandlungen«, lehrt: »Der Weise lebt in Frieden,
aber er vergisst nicht die Gefahr. Er freut sich
des Lebens, doch er vergisst nicht den Tod.
Er sorgt für Ordnung, doch er vergisst nicht die
Unordnung.« Niemand kann ein Unglück
vorhersehen. Doch man kann darauf vorbereitet
sein, um dann, wenn es sich tatsächlich ereignet,
den Schaden zu begrenzen.

Strategem 27

EINE MAHLZEIT NUR EINEM HUNGRIGEN ANBIETEN

Eine gute Tat ist dann sinnvoll,
wenn der Empfänger tatsächlich bedürftig ist.
Denn nur in diesem Fall kann man
sich seiner Dankbarkeit sicher sein,
und das Handeln findet Sinn
in sich selbst.

Strategem 28

DIE GUNST
DES
FEUERS
NUTZEN

Eine alte List besteht darin, Feuer zu legen,
um die Aufmerksamkeit auf den Brand zu
lenken und währenddessen die Häuser
derjenigen, die das Feuer löschen helfen,
auszurauben. Deshalb ist es nötig,
bei einem Brand doppelt wachsam zu sein,
denn die Gefahr droht sowohl von vorne
wie auch von hinten.

Strategem 29

WIE EIN TIGER EIN SCHAF JAGEN

Hat man sein Ziel vor Augen,
sollte man sich nur auf dieses konzentrieren
und sich durch nichts ablenken lassen.
Jede Unaufmerksamkeit führt dazu,
sein Ziel nicht mehr zu erkennen.

Strategem 30

BEI REGEN DAS DACH SUCHEN, NICHT DEN SCHIRM

Je mehr man von den schlechten Taten anderer weiß, umso größer ist die Gefahr, in die man sich begeben hat. Deshalb lebt man sicherer, wenn man niemals zum Zeugen oder Mitwisser wird. Was aber, wenn es wider Willen dennoch geschieht? Dann sollte man der Wahrheit die Türe öffnen und auf den Schutz der stärkeren Macht vertrauen.

Halte den Wagemut in Grenzen.

ANSTELLE DES PFIRSICHS DIE PFLAUME VERDORREN LASSEN

Besteht keine Möglichkeit auf Gewinn,
ist es besser, etwas Unwichtiges aufzugeben,
anstatt noch mehr zu verlieren.
Sich von weniger Wichtigem zu trennen
bringt oftmals mehr Nutzen, als daran hängen
zu bleiben.

Strategem 32

AUF HOLZSCHEITEN SCHLAFEN UND REGENWÜRMER ESSEN

Bevor man sein Ziel erreicht, um dadurch
ein angenehmeres Leben zu führen,
ist es nötig, die Entbehrung kennen gelernt
zu haben, denn nur dadurch weiß man das
Wohltuende wirklich zu schätzen.

Strategem 33

ALTES AUSATMEN, NEUES EINATMEN

Um neue Möglichkeiten zu schaffen, ist es notwendig, sich von Menschen und Dingen zu trennen, die einen in seiner Entfaltung nur behindern. Auch sollte man sich sowohl von denen verabschieden, die sich selbst nicht verbessern wollen, als auch von denen, die der neuen Entwicklung nicht folgen wollen.

Strategem 34

FORTLAUFEN, WENN ES NÖTIG IST

Begreift man, dass man chancenlos und vielleicht sogar in Gefahr ist, stellt es keine Schande dar, die Flucht anzutreten. Doch wenn man nicht mehr entkommen kann, sollte man sich ergeben, um sich und sein Vorhaben zu retten. Und dann besteht die Aufgabe darin, auf den richtigen Zeitpunkt zu warten, den früheren Zustand wieder herzustellen.

Strategem 35

AUF DAS WACHSEN DES BAUMES VERTRAUEN

Niemand wird weise geboren,
kein großer Plan schnell verwirklicht.
Alles bedarf der Zeit, um zur Vollendung zu
gelangen. Tritt der Erfolg nicht frühzeitig ein,
ist das ein Grund zur Freude.

Strategem 36

DEN ERFOLG FÜR EINE MÜCKE HALTEN

Erfolg macht die meisten stolz, und sie vergessen ihre Vergangenheit und die Notwendigkeit, sich weiterhin zu schulen. Gerade dadurch bringen sie nun Misserfolg hervor. Deshalb ist es weise, den eigenen Erfolg für nichts zu erachten.

Wer die Menschen kennt,
braucht keinen Schutz.

DAS
ZWEITE
ZIEL

DEN GEGNER
SCHWÄCHEN

Strategem 37

VOR DER REISE
DIE PFERDE
SATTELN

Wann immer man sich stark genug fühlt, ein Problem anzugehen, sollte man mit der Umsetzung der Lösung sofort beginnen. Dasselbe gilt, wenn man spürt, dass der richtige Zeitpunkt gekommen ist, das zu tun, was man immer schon tun wollte. Selbst wenn man gut vorbereitet ist, ist es nötig, alle Faktoren zu bedenken, wenn man handelt. Die Initiative sollte nur gut vorbereitet ergriffen werden.

Strategem 38

AUF DIE OHREN DER WÄNDE ACHTEN

Es gibt kaum ein Geheimnis, das einem anderen
keinen Vorteil bringen würde. So kann das,
was man verbergen möchte, einem plötzlich
zum Nachteil gereichen, und man sieht sich
Situationen ausgesetzt, die man nicht mehr
selbst kontrolliert. Daher gilt: Geheimnisse
nur dort weitergeben, wo man wirklich
völlig sicher sein kann, dass kein Fremder
sich ihrer später bedienen wird.

Strategem 39

DIE WORTE
HINTER
DEN ZÄHNEN
HALTEN

Alles, was man sagt, kann sich auch gegen
einen selbst richten oder andere verletzen.
Bevor man seine Worte äußert,
sollte man bedenken, ob sie Schaden oder
Nutzen bringen.
Seine Äußerungen sollte man also mit
Bedacht wählen, entweder um mit ihnen
sich selbst zu stärken oder den Gegner
zu schwächen.

Strategem 40

DEN PHÖNIX LOSLASSEN, DEM DRACHEN FOLGEN

Es gibt Situationen, in denen es besser ist, auf etwas Wichtiges zu verzichten, um seine Pläne nicht aufgeben zu müssen, weil diese – insgesamt betrachtet – einen viel höheren Wert darstellen, auch wenn sie noch nicht umgesetzt worden sind. Um ein großes Ziel zu erreichen, darf man nicht nach Sicherheit streben und muss vielleicht sogar zunächst Verluste in Kauf nehmen. Aber der Erfolg wird zeigen, wie wichtig dieses Handeln war, vor dem man sich zuerst fürchtete.

Strategem 41

DIE
HUNDE
NICHT
VERWÖHNEN

Keiner versteht die Freuden eines Gewinns
besser als der Gewinner selbst.
Um sich aber dieser angenehmen Seiten
sicher zu sein, darf man sie mit keinem teilen.
Nun neigen manche Mitglieder der
Gefolgschaft dazu, ebenfalls die Freuden
des Gewinns kosten zu wollen.
Deshalb ist es wichtig, sie nie aus den Augen
zu lassen und das Wachstum ihres Einflusses
zu begrenzen.

Strategem 42

DIE
UNSICHTBARE
FALLE
SEHEN

Besonders raffinierte Gegner können es
bewerkstelligen, dass man plötzlich als schuldig
gilt, obwohl man keinerlei Schuld auf sich
geladen hat. Man merkt die Falle, in die man
geraten ist, aber erst, wenn es zu spät ist. Und
dann ist es fast unmöglich, seine Unschuld zu
beweisen. Wie kann es gelingen, gar nicht erst
in eine solche Verlegenheit zu geraten?
Indem man nur sich selbst vertraut und
niemanden in seine Geheimnisse einweiht.

Verteidigung kennt keine Grenze.

Strategem 43

UNTER DER FOLTER NICHT GEHORCHEN

Es gibt kaum jemanden, der nicht versucht,
einen zu beeinflussen oder einem seine
Vorstellungen aufdrängen zu wollen.
Die Methoden, mit denen dies geschieht,
sind äußerst zahlreich, egal, ob sie auf direktem
oder indirektem Weg ausgeführt werden.
Man kann dem körperlichen, seelischen
oder geistigen Druck nur widerstehen,
indem man den Plan der anderen Seite
rechtzeitig durchschaut.

———————— 計 ————————

Strategem 44

DEN
FAVORITEN
MISSTRAUEN

———————◆———————

Menschen, die sich bei anderen als Favoriten
hervortun, sollte man mit Misstrauen begegnen.
Denn sie neigen dazu, einem nach dem Mund
zu reden, um ihre Stellung nicht zu verlieren.
Sie hängen ihre Fahne in den Wind,
um sich des Beifalls der Masse sicher zu sein.
Und die Anerkennung der Masse erreichen
sie nur, wenn sie ihre Ideen in deren Herzen
pflanzen.

---- 討 ----

Strategem 45

WAS MAN FANGEN MÖCHTE, ZIEHEN LASSEN

Bevor man Beute macht, ist es sinnvoll, das,
was man fangen möchte, nicht sofort zu fangen.
Denn nur so kann man seine Gewohnheiten
erkunden, um dann, wenn man genügend
Bescheid weiß, zuzuschlagen.

Strategem 46

SEIN HANDELN
STETS
VERTEIDIGEN
KÖNNEN

Jedes Vorhaben bedarf der Unterstützung
eines guten Grundes,
weshalb es sinnvoll ist, gleichzeitig eine
gute Ausrede parat zu haben.
Eine Ausrede muss keine Lüge sein,
aber sie muss auch nicht der Wahrheit
nahe stehen.

Nicht auf das Gras schlagen, um die Schlangen zu verscheuchen

Will man sein Ziel erreichen, ist es besser, die einzelnen Schritte, die dafür notwendig sind, im Geheimen zu entwickeln, um niemanden über sein Vorhaben in Kenntnis zu setzen. Denn je mehr andere Bescheid wissen, welche Pläne man verfolgt, umso eher sind diese in Gefahr, schon im Anfangsstadium zu scheitern.

Strategem 48

DEN GEGNER NICHT OHNE EHRFURCHT ATTACKIEREN

Um zu vermeiden, dass ein Kräftemessen
unmenschlich wird, ist es weise,
seinem Gegenüber mit Respekt zu begegnen.
Auch vermeidet man dadurch spätere
Anschuldigungen und behält den Ruf der
edlen Gesinnung bei.

Alles braucht einen Grund.

DEN GEBIETER
VON DER
EIGENEN STÄRKE
ÜBERZEUGEN

Jeder Herrscher ist nur so stark, wie ihn seine
Untertanen werden lassen. Deshalb ist es
angebracht, ihn wissen und spüren zu lassen,
dass er seine Position nur deshalb innehat,
weil die Macht der Untertanen ihm von diesen
freiwillig übertragen wurde. Richtet sich die
Macht nun aber gegen die ursprünglichen
Besitzer, muss der Gebieter von seinem
Thron gestoßen werden.

Strategem 50

MIT DEM MESSER EINES ANDEREN ZUSTECHEN

Es ist gut, sein Ziel zu erreichen,
ohne dabei selbst etwas unternehmen
zu müssen.

Strategem 51

DIE ZIEGE SCHELTEN, WEIL DIE MILCH SAUER IST

Hat man einen Fehler begangen und will
eine Bestrafung vermeiden,
sollte man danach trachten,
jemanden zu finden, dem man sein falsches
Handeln anhängen kann.

───────── 計 ─────────

Strategem 52

EIN ENGER FREUND
DES FERNEN GEGNERS
WERDEN,
UM DEN NAHEN GEGNER
ANZUGREIFEN

───────◆───────

Es ist besser, Allianzen mit einem zu
schmieden, der als möglicher Partner eigentlich
gar nicht in Frage kommt. Dadurch gelingt es,
den Nachbarn zu verwirren und seine Taktik
durcheinander zu bringen. Der Sinn von
Allianzen besteht darin, sich einen Vorteil
gegenüber Mächtigeren zu schaffen –
und dies gelingt durch das scheinbar
Unmögliche besser als durch das Vorstellbare.

Strategem 53

DIE
SCHMUTZIGEN
SCHUHE
VERSCHWINDEN
LASSEN

Hat man etwas Unrechtes begangen und
soll dafür zur Rechenschaft gezogen werden,
ist man schlau, wenn es einem gelingt,
den Beweis für seine Schuld verschwinden
zu lassen oder ihn einem anderen
anzuhängen.

──────── 討 ────────

Strategem 54

DEN WIND
JAGEN,
DIE SCHATTEN
FANGEN

──────◆──────

Gerüchte werden beim Gegner großen Schaden
hervorrufen, denn sie bringen ihn in die
Verlegenheit, sich erklären zu müssen,
obwohl ein Tatbestand gar nicht gegeben ist.
Somit helfen bloße Worte durch ihren Einzug
in die Vorstellungswelt anderer, das Ziel
mühelos zu erreichen.

Wer das Gegenteil nicht kennt,
leidet Schaden.

Strategem 55

DAS HUHN SCHLACHTEN, UM DEN AFFEN ZU ERSCHRECKEN

Manches Mal ist es gar nicht nötig,
den Gegner direkt anzugreifen.
Es genügt eine Warnung, die als Abschreckung
dazu führt, dass er sich entweder von
selbst ergibt oder von seinem Vorhaben
sogleich ablässt.

Strategem 56

ÖL
AUF
DAS
FEUER
GIESSEN

Hat der Gegner einen Fehler begangen,
sollte man nicht müde werden,
darauf aufmerksam zu machen,
denn dadurch wird aus einem kleinen Verstoß
eine unverzeihliche Verfehlung.

Strategem 57

DEN GEGNER OHNE SCHWERT VERÄRGERN

Es muss keine körperliche Gewalt sein,
mit der man den Feind niederringen kann.
Es genügt, seine Seele und seinen Geist so zu
beeinflussen, dass er die Kontrolle über sich
verliert und unüberlegt reagiert.
Dadurch offenbart er seine Schwachstellen,
wovon man später profitieren wird.

Strategem 58

AUS DER NULL
DIE EINS
MACHEN

———————

Übermittelt eine Person dem Gegner eine
Botschaft, wird er den Worten keinen Glauben
schenken. Trägt eine weitere Person dieselbe
Botschaft vor, wird er verunsichert sein.
Und kommt eine dritte hinzu, welche die
Nachricht bestätigt, wird er den Worten
Glauben schenken.

SCHEINBAR UNBERÜHRT DAS FEUER AM UFER GEGENÜBER BEOBACHTEN

Wer Zeuge eines Kampfes wird, der in der Ferne stattfindet, sollte den Ausgang der Zwistigkeit abwarten, um dann im richtigen Augenblick seinen Vorteil aus der Situation ziehen zu können.

計

DEN
KUNDSCHAFTER
AUSKUNDSCHAFTEN

Weiß man, dass einem der Gegner sein
Geheimnis entlocken will, ist es nützlich,
sich der Kundschafter des Gegners zu bedienen,
nur um diese dann mit dem Plan
zurückzuschicken, schon allein dadurch
beim Feind Misstrauen zu schüren und ihn
auf diese Weise zu schwächen.

Gehorsam folgt dem Wasser.

Um sich der Räuber zu entledigen, den Anführer festsetzen

Der Feind kann leicht besiegt werden,
wenn man seinen Anführer gefangen nimmt.
Dadurch verliert seine Truppe die Moral und
ist schnell auseinander zu sprengen.

DEN TIGER VOM BERG FORTLOCKEN

Wer sich in seinem gewohnten Umfeld aufhält,
zieht daraus naturgegeben den Vorteil der
heimatlichen Kenntnis, weshalb es nahezu
unmöglich ist, ihn dort zu schwächen.
Der kluge Gegner unternimmt daher alles,
ihn von dort wegzulocken, um ihm an
anderer Stelle die entscheidende Niederlage
beizufügen.

DEN FEIND ÜBERRASCHEN, UM DEN PARTNER ZU RETTEN

Will man einem Partner, der angegriffen wird,
zu Hilfe kommen, muss man – wenn der Gegner
stärker ist als man selbst – den Feind an seiner
schwächsten Stelle überraschen, damit er
auf die neue Lage reagiert und von seinem Ziel
vorübergehend ablässt.
Diese Zeit muss genutzt werden, um den
Partner aus seinen Fängen zu befreien.

JEDEN
GEGNER
EINZELN
SCHLAGEN

Einen übermächtigen Gegner kann man
nur dadurch besiegen,
wenn man sich nacheinander jedes
seiner Mitglieder entledigt.

Strategem 65

Den Vogel
in den
Käfig
locken

Will man einen Plan verwirklichen,
den man alleine nicht umsetzen kann,
braucht man Mitstreiter, welche von der Idee
ebenfalls begeistert sind. Man gewinnt sie,
indem man ihnen Angebote macht,
die so verlockend sind, dass sie diese nicht
ausschlagen können.

EINE
GRÄTE
NICHT
IN
EINEM
EI
SUCHEN

Sich selbst zu kritisieren bringt nur Vorteile
mit sich. Andere zu tadeln führt nur zu
großem Schaden.

Vor dem Kampf gewinnen.

Strategem 67

DEM GEGNER DAS HOLZ UNTER DEM KESSEL WEGZIEHEN

Dem Feind die Lebensgrundlage
zu entziehen bedeutet, dass er sich nie wieder
erholen wird, weshalb man in Zukunft vor ihm
keine Furcht mehr zu haben braucht.

Strategem 68

EINE
LIST
UMKEHREN

Hat man eine fremde List erkannt,
besteht die eigene darin, vorzugeben,
sie nicht erkannt zu haben, um sie gleichzeitig
gegen den Urheber selbst zu richten.

＃

Strategem 69

AUF DEN MAULBEERBAUM DEUTEN UND DIE AKAZIE TADELN

———●———

Hat jemand einen Fehler begangen,
ist es ratsam, ihn nicht direkt dafür zu tadeln,
um Streit zu vermeiden. Anstelle dessen sollte
man eine Geschichte erfinden, durch die dem
anderen klar wird, dass man über seinen Fehler
Bescheid weiß, dass man aber darauf verzichtet,
ihm deswegen öffentlich Vorwürfe zu machen.
Auf diese Weise erntet man seine Dankbarkeit.

Strategem 70

Zwei Adler
mit einem
Pfeil
erlegen

Wenn man aufmerksam genug ist,
wird man feststellen, dass neben dem Ziel,
das man anstrebt, ein weiteres besteht,
das genauso verlockend ist.
Ist man geistesgegenwärtig genug,
kann man auch dieses erreichen.

DAS REH
DEN JÄGER
LOBEN
LASSEN

Gelingt es, jemanden von der Gegenseite
so zu beeinflussen, dass er einem wohlgesinnt
ist, hat man den Gegner entscheidend
geschwächt, weil er dadurch keine innere
Einheit mehr aufweist, die einem
gefährlich werden könnte.

Strategem 72

DAS TOR
DER SCHÖNHEIT
OHNE SCHADEN
PASSIEREN

Wer Schönheit einsetzt, um seine Pläne
zu einem guten Abschluss zu bringen,
wird niemals ohne Erfolg bleiben.
Aber wer sich von der Schönheit betören lässt
und unüberlegt einem Vorhaben zustimmt,
begeht einen großen Fehler.

Im Lärm die Stille hören.

Das
dritte
Ziel

Noch besser
werden

Strategem 73

DIE KAISERSTADT AUS VIER HIMMELSRICHTUNGEN ERREICHEN

Treten Schwierigkeiten bei der
Verwirklichung eines Planes ein, wäre es töricht,
sein Vorhaben aufzugeben. Besser ist es,
andere Wege, neue und unbekannte
zu beschreiten, um letztendlich doch zu
gewinnen.

Strategem 74

DER NACHTIGALL
UND
DEM RABEN
LAUSCHEN

Es ist klug, die Meinungen anderer
nicht von sich zu weisen, sondern sie ebenso
gelten zu lassen wie die eigenen Ansichten.
Denn es könnte sein, dass es gerade die
Meinungen anderer sind, die einen
beim Weiterkommen helfen.

WIE REGEN
VIELE
TROPFEN
HABEN

Alleine zu gewinnen ist nahezu unmöglich.
Daher bedarf es des Zusammenschlusses mit
Gleichgesinnten. Auf diese Weise entsteht eine
Kraft, der man nur schwer entgegentreten
wird können.

ALS STROHKOPF ZUM MEISTER WERDEN

Den Narr zu spielen ist oft von Vorteil,
denn man kann seine Absicht verwirklichen,
ohne dabei erkannt zu werden. Solange einen
niemand ernst nimmt, vermag man die
anderen zu beobachten und von ihren
Fehlern zu profitieren.

Strategem 77

DEN TEMPEL
AUF DEM
HERZEN
BAUEN

Wer die Unterstützung einer Freundesschar
möchte, muss sich der Zuneigung eines jeden
einzelnen Mitgliedes sicher sein können.
Das Herz der Menschen zu öffnen ist seine
wichtigste Tat, sie nicht zu enttäuschen
sein höchstes Ziel.

Strategem 78

WIE DAS MEER DIE FLÜSSE WILLKOMMEN HEISSEN

Je mehr man sein Herz öffnet,
umso mehr Dank strömt einem entgegen,
wodurch wiederum großer Erfolg entsteht.
Und je mehr man diesen Erfolg weitergibt,
umso mehr Herzen öffnet man.

Eiliges sorgsam erledigen.

DEN HUT AUF
DEN FINGER
STECKEN

Die richtigen Beziehungen
ermöglichen den richtigen Erfolg.
Aber die richtigen Beziehungen
überhaupt zu schaffen
bedarf größter Anstrengung.

Strategem 80

EIN
SCHUTZSCHILD
SCHMIEDEN

Auch wenn man seine Anhänger um sich
versammelt hat, garantiert das noch lange nicht,
dass man andauernden Erfolg hat.
Dies gelingt nur dann, wenn ein jedes
Mitglied das andere schützt.

DEN DIRNEN
EIN DENKMAL
SETZEN

Um etwas Unmoralisches oder
Verbotenes zu unternehmen, ist es sinnvoll,
seinem Vorhaben einen großartigen Namen zu
verleihen, damit ein jeder das Vorhaben mit
Freuden unterstützen wird.

Strategem 82

MIT LIPPEN
EMPORSTEIGEN

Gibt es Ohren, die für Schmeicheleien
offen sind, und gehören sie einem,
der über eine hohe Position verfügt,
und gibt es Lippen, die schöne Worte
äußern wollen, und gehören sie einem,
der über keine hohe Position verfügt,
dann wird es bald zwei geben,
die über eine hohe Position
verfügen.

DEN KOPF DES SCHAFES ANPREISEN, UM DAS FLEISCH DES HUNDES ZU VERKAUFEN

Viele Betrügereien können nur geschehen,
weil es genügend Menschen gibt,
die sich betrügen lassen wollen und dann
darauf auch noch stolz sind.

IN EINEM ORCHESTER AUF DER KAPUTTEN FLÖTE SPIELEN

Arbeitet man mit anderen zusammen
und beherrscht seine Aufgabe nicht,
und es fällt plötzlich jemandem auf
ist es sinnvoll, den Fehler auf
das Material zu schieben.

Folge dem rechten Rat –
von wem er auch stammen mag.

DEN DOLCH HINTER EINEM LÄCHELN VERBERGEN

Es ist nie gut, jemandem
seine wirklichen Absichten zu verraten.
Stetes Lächeln schafft Erfolg.

Strategem 86

VORNE ZUSTIMMEN, HINTEN ABLEHNEN

Um sein Vorhaben voranzutreiben,
ist es manches Mal notwendig, Mitglied einer
Gruppe zu werden, mit deren Zielen man sich
solidarisch erklärt, auch wenn man sie im
tiefsten Inneren ablehnt.

Strategem 87

MIT
WENIGEN
KISSEN
GUT
SCHLAFEN

Man sollte lieber nur einige Regeln
und Gesetze aufstellen,
an die sich alle halten, als viele,
denen kaum einer folgt.

Strategem 88

DEM
DURSTIGEN
ZU TRINKEN
GEBEN

Um zu gewinnen, bedarf es dreier Faktoren:
der Unterstützung durch die Natur,
des rechten Augenblicks und
der Zustimmung durch die Mehrheit.
Wie ist diese zu erreichen?
Indem man ihr das darreicht,
wonach es sie dürstet.

DAS NETZ
AUF EINER
SEITE
OFFEN LASSEN

Um Schaden von sich selbst fern zu halten,
ist es bei allem, was man unternimmt,
besser, andere nicht ihrer Möglichkeit der
Selbstentfaltung zu berauben. Denn nur wenn
sie nicht unterdrückt werden und merken,
dass man ihnen die Freiheit nicht nimmt,
werden sie einem mit Achtung begegnen
und mit Freuden ihre Freiheit anbieten.

計

Strategem 90

GÜNSTIG
ZU MEHL
KOMMEN

Es findet sich immer einer,
den man günstig die unangenehmen
Arbeiten erledigen lassen kann.
Die Kunst, ihn dafür zu begeistern,
besteht weniger in der Höhe des Lohns
als vielmehr in der Tiefe
der Verbundenheit.

Krieg lebt von Betrug.

Strategem 91

VOM LEHRER UND VOM KESSELFLICKER LERNEN

Immer gibt es jemanden,
von dem man etwas lernen kann –
und Lernen ist der erste Schritt zum Erfolg.
Deshalb sollte man jeden Menschen als
möglichen Lehrer ansehen.

DEN GEGNER AUF DAS DACH LOCKEN UND DANN DIE LEITER WEGZIEHEN

Um sich eines Feindes zu entledigen,
genügt es, ihn in eine ausweglose Situation
zu bringen. Nur dann kann man vor
ihm völlig sicher sein.

Strategem 93

EINE HECKE
AUS
HOLZ UND
BAMBUS
BAUEN

Man sollte nicht nur von den Stärken
anderer profitieren, sondern auch deren
Schwächen erforschen, um die eigenen
Fehler daraufhin zu korrigieren.

DIE
SCHALE
SPRENGEN

Verfügt man über viele Gaben,
aber verbirgt sie vor der Öffentlichkeit,
wird sich einem niemals die Möglichkeit bieten,
den eigenen Wert herauszustellen und
anderen nützen zu können.
Deshalb muss man den Mut finden,
über sich selbst hinauszuwachsen.

Das Siegen gleicht dem Mond.

DEN KOCH
NICHT
DIE KLEIDER
SCHNEIDERN
LASSEN

———————◆———————

Der Erfolg erfordert es, dass das Verhältnis
zwischen den Beteiligten festgelegt ist,
damit jeder weiß, welcher Anteil
am Erfolg ihm gebührt, denn sonst ist
der Erfolg gefährdet.

Strategem 96

DEN WOLF
NICHT
ZUM
SCHÄFER
MACHEN

Man wird nur dann zum Anführer,
wenn man jedem seiner Mitstreiter
die richtige Aufgabe zuteilt.

DEN BÄREN ZWINGEN, DEN VERSCHWUNDENEN HONIG ZU SUCHEN

Wenn man weiß, wer den Fehler
begangen hat, ist es klüger,
den Betreffenden nicht zu bestrafen,
sondern ihn zu bitten, nach dem Verursacher
des Fehlers zu fahnden.

DAS HAAR
ABSCHNEIDEN,
NICHT
DEN ZOPF

Hat man ein Unrecht begangen,
ist es gut, dies nach Bekanntwerden
lauthals zu bereuen.
Dadurch gewinnt man das Herz
der anderen erst recht und wandelt
die Vorwürfe in Verständnis.

VOM TIGER ZUM LAMM, VOM KARPFEN ZUM HAI WERDEN

Wenn man einem nur mit Güte begegnet,
wird er dies bald für selbstverständlich nehmen;
wenn man ihm dagegen nur mit Strenge kommt,
wird er sich dagegen auflehnen.
Deshalb sollten sich Strenge und Güte
abwechseln. Das Geschenk der Güte erkennt
man nur, wenn es sich selten ereignet,
und der Macht gehorchen wird man nur dann,
wenn sie nicht allzu oft auftritt.

DEN CHOR
EINSTIMMEN

Das Geheimnis des andauernden Erfolges
besteht darin, allen ihr Recht zuzugestehen,
damit sich Zufriedenheit entfalte.
Denn nichts ist dem Gewinnen abträglicher
als Menschen, die nicht in Harmonie
miteinander stehen.

Der Geist kennt die Kraft.

Strategem 101

DEN STAUB
VOM GEWAND
BÜRSTEN

Um die Vorrangstellung zu erlangen,
ist es nötig, sich zunächst
ohne inneren und äußeren Makel
zu präsentieren.

DIE PFLAUMEN ZEIGEN, UM DEN DURST VERGESSEN ZU MACHEN

Möchte man andere dazu bringen,
seinem Plan zu folgen, muss man ihnen etwas
versprechen, das ihnen nützen wird.
Ist das Ziel dann erreicht, kann man das
Versprechen entweder brechen oder einlösen
oder sogar beides tun: indem man ihnen erklärt,
sie könnten die Belohnung nicht besitzen,
dafür aber immer benutzen.

Strategem 103

ZUM KAMM EINES HAHNS, ZUM SCHWANZ EINES OCHSEN WERDEN

Wenn die Gelegenheit,
der Erste der größten Gruppe zu werden,
noch nicht gekommen ist,
genügt es vorläufig, der Beste
der kleinsten Gruppe oder der Letzte
der größten zu sein.

ALS GOTTESANBETERIN NICHT DIE ZIKADE FRESSEN, OHNE AUF DEN PIROL ZU ACHTEN

Es ist immer von Vorteil zu sehen,
was hinter einem geschieht, während man
vorwärts geht.

NICHT
OHNE
REGELN
STEHLEN

Was immer man tut,
es sollte nicht ohne Ordnung geschehen.
Was immer man möchte,
es sollte in eine Regel eingebunden sein.

Im Sieg bescheiden bleiben.

DIE HÜTTE
DREIMAL
AUFSUCHEN

Man muss sein Haupt beugen,
um die Hütte zu betreten,
in der der Ratgeber wohnt.
Ist man beim ersten Mal nicht erfolgreich,
muss man es öfters versuchen, bis man
sich so weit gebückt hat,
dass einen der Ratgeber akzeptiert.

Strategem 107

JEDENEINEN
GLÜCKLICH
MACHEN

Die höchste Kunst besteht darin,
Freund und Feind so zu versöhnen,
dass sie beide meinen,
dadurch einen Vorteil davonzutragen.

DEN WEIN
NICHT
MIT MILCH
VERMISCHEN

Um glücklich zu leben,
sollte jeder an dem Platz sein,
an den er gehört.
Deshalb ist es weise,
so zu agieren, dass jeder mit
seinem Platz zufrieden ist.

II

108×3 WEGE ZUR LEBENSMEISTERSCHAFT

HINWEIS: Jedem der nun folgenden Begriffe sind drei Aussagen zugeordnet, welche viele der Probleme, die in einem Leben auftreten können, veranschaulichen. Haben Sie Ihr Problem gefunden, schlagen Sie bitte im ersten Teil des Buches unter dem betreffenden Stratagem nach – und Sie erhalten einen Rat, der so gefasst ist, dass es Ihnen möglich sein wird, die Lösung Ihres Problems bald zu erkennen.

ABHÄNGIGKEIT

Ich möchte das, was mir schadet, loswerden, schaffe es aber nicht.

Strategem 32

Ich habe mich von meiner Familie getrennt, aber ich komme alleine nicht zurecht.

Strategem 75

Ich fühle mich von meinen Geschäftspartnern oder Mitarbeitern unter Druck gesetzt, kann aber ohne sie nicht auskommen.

Strategem 1

AFFÄRE

Ich möchte eine Affäre beenden.

Stratagem 94

Ich möchte die Affäre, die ich eingegangen bin, verbergen.

Stratagem 19

Ich möchte die Affäre, die mich belastet, beenden.

Stratagem 107

ALTER

Mir wurde aus Altersgründen gekündigt.

Strategem 9

Ich habe meine Attraktivität und meine Kraft verloren.

Strategem 103

Ich bin Jüngeren gegenüber oft überkritisch, weil ich – im Gegensatz zu ihnen – vom Leben kaum mehr etwas zu erwarten habe.

Strategem 108

ANGRIFF

Eigentlich wollte ich niemanden angreifen, doch die Situation zwang mich dazu. Jetzt habe ich zwar gewonnen, aber die meisten meiner Freunde verloren.

Strategem 77

Ich weiß nicht, wann der richtige Zeitpunkt ist, mit meiner Attacke zu beginnen.

Strategem 37

Ich möchte den Streit beenden, aber mein Gegner attackiert mich nach wie vor.

Strategem 100

ARBEIT

Seit langem bin ich schon ohne Beschäftigung, und ich möchte diese Situation endlich beenden.

Strategem 9

Ich werde mit meiner Arbeit nicht fertig und fürchte, dass mir dies Beschwerden einbringt.

Strategem 5

Meine Arbeit missfällt mir, aber ich weiß nicht, wie ich meine Lage verbessern kann.

Strategem 22

AUFMERKSAMKEIT

Ich möchte, dass man mir mehr Aufmerksamkeit schenkt.

Strategem 11

Ich möchte anderen mit mehr Aufmerksamkeit begegnen.

Strategem 74

Ich will von dem Menschen, den ich am meisten liebe, mehr Aufmerksamkeit erhalten.

Strategem 78

Erreiche dein Ziel ohne Mühe.

AUSBILDUNG

Für die Arbeit, die mir gefallen würde, fehlt mir die Ausbildung.

Strategem 35

Ich will meinem Kind die rechte Ausbildung angedeihen lassen.

Strategem 2

Meine Kinder wollen selbst entscheiden, was sie werden wollen.

Strategem 91

BEHARRLICHKEIT

Ich habe Schwierigkeiten, die mir gestellten Aufgaben zu erledigen.

Strategem 2

Seit Jahren versuche ich meine Ideen zu verwirklichen, aber bis jetzt ohne Erfolg.

Strategem 24

Man tadelt mich, weil mir die Geduld und die Kraft fehlen, ausdauernd zu sein.

Strategem 20

BEZIEHUNGEN

Ich möchte die Beziehungen innerhalb der Familie verbessern.

Strategem 87

Ich möchte die Beziehungen innerhalb der Firma verbessern.

Strategem 99

Ich möchte die Beziehungen innerhalb meines geschäftlichen Umfeldes verbessern.

Strategem 108

BERUF

Viele in meiner Umgebung neiden mir meine
Stellung.

Strategem 101

Ich bin im Zweifel darüber, ob mein Beruf
wirklich der richtige für mich ist.

Strategem 22

Ich weiß nicht, ob ich meinen Beruf meinen
Interessen oder dem Geld unterordnen soll.

Strategem 10

BESITZ

Mein Bedürfnis nach Besitz ist überaus groß, aber ich bin dabei nicht glücklich.

Stratagem 45

Jedes Mal, wenn ich etwas bekommen habe, bin ich enttäuscht.

Stratagem 40

Es wäre mir lieber, frei von Besitz zu sein.

Stratagem 33

BETRUG

Meine Freunde betrügen mich immer wieder.

Stratagem 68

Meine Geschäftspartner versuchen, mich zu betrügen.

Stratagem 67

Ich habe jemanden betrogen, und man hat es
gemerkt.

Stratagem 53

Der größte Sieg ist der über sich selbst.

CHARAKTER

Auf Grund meines Charakters kann ich Niederlagen nur schwer verarbeiten.

Strategem 21

Ich habe Probleme mit mir selbst, die mit meinem Charakter zusammenhängen.

Strategem 33

Mein Charakter ist so geartet, dass ich eher fliehen möchte, als mich einer Aufgabe wirklich zu stellen.

Strategem 7

DANKBARKEIT

Obwohl ich anderen immer wieder helfe, zeigen sie mir gegenüber kaum Dankbarkeit.

Strategem 27

Ich möchte die Dankbarkeit, die man mir entgegenbringt, ausnutzen.

Strategem 90

Ich will meine Kinder dazu anhalten, mehr Dankbarkeit zu zeigen.

Strategem 69

DIPLOMATIE

Ohne Diplomatie werde ich mein Ziel kaum erreichen können.

Strategem 85

Ich möchte sagen, was ich denke, auch wenn es undiplomatisch ist.

Strategem 39

Ich weiß genau, dass man sich mir gegenüber diplomatisch gibt, aber die wahren Absichten verbirgt.

Strategem 68

EGOISMUS

Ich bin nicht egoistisch genug.

Strategem 21

Meine Partner benehmen sich ausschließlich egoistisch.

Strategem 48

Mein Ziel ist es, den Egoismus zu überwinden.

Strategem 9

EHEPARTNER

Mein Ehepartner tut nur, was er will.

Strategem 89

Mein Ehepartner übernimmt keine Verantwortung.

Strategem 99

Mein Ehepartner zeigt keinerlei Geduld.

Strategem 50

EHRE

Meine Ehre wurde verletzt.

Strategem 57

Ich möchte als ehrwürdige Person angesehen werden.

Strategem 101

Meine Interessen stehen meinem Bedürfnis nach Ehre entgegen.

Strategem 17

Den Berg nicht ohne Gefährten besteigen.

EIFERSUCHT

Ich leide unter meiner Eifersucht.

Stratagem 21

Ich möchte meine Eifersucht vor meinem Partner verbergen.

Stratagem 76

Ich bin auf die Partner meiner Kinder eifersüch-
tig.

Stratagem 78

EITELKEIT

Ich möchte meine Eitelkeit überwinden.

Strategem 21

Ich will meinem Partner dabei helfen, seine
Eitelkeit aufzugeben.

Strategem 66

Ich weiß, dass ich nicht eitel bin, aber man hält
mich dafür.

Strategem 33

ELTERN

Meine Eltern wollen mich einfach nicht verstehen.

Strategem 14

Meine Eltern verlangen von mir, dass ich ihre Wünsche erfülle.

Strategem 43

Ich kann mich meinen Eltern nicht verständlich machen.

Strategem 4

ENTTÄUSCHUNG

Ich habe eine Enttäuschung in der Liebe erlebt.
Strategem 9

Ich habe eine Enttäuschung im Berufsleben erfahren.
Strategem 23

Ich bin vom Leben an sich enttäuscht.
Strategem 35

ERFOLG

Ich will erfolgreich sein.

Strategem 1

Sosehr ich mich auch anstrenge, es stellt sich einfach kein Erfolg ein.

Strategem 73

Ich möchte, dass der Erfolg bleibt.

Strategem 95

FEHLER

Ein Familienmitglied hat einen Fehler begangen.

Strategem 69

Ich habe einen Fehler im Beruf begangen.

Strategem 51

Ich werde eines Fehlers, den ich nicht begangen habe, bezichtigt.

Strategem 42

Grabe nach der Quelle,
bevor du durstig bist.

FEINDE

Ich will mich meiner Feinde entledigen.

Strategem 92

Ich suche nach dem rechten Augenblick, meine Feinde anzugreifen.

Strategem 37

Ich möchte aus Feinden Freunde machen.

Strategem 89

FREUNDE

Ich möchte viele Freunde haben, von denen ich profitieren kann.

Stratagem 84

Ich möchte einen so genannten Freund so schnell wie möglich loswerden.

Stratagem 56

Ich bin nicht sicher, ob diese Freundschaft selbstlos ist.

Stratagem 104

FÜHRUNG

Ich möchte die Führung innehaben.

Strategem 77

Ich möchte die Führung behalten.

Strategem 95

Ich möchte die Führung zum Nutzen aller verwenden.

Strategem 96

FURCHT

Ich fürchte mich vor dem Alter.

Strategem 21

Ich fürchte mich vor dem Tod.

Strategem 9

Ich fürchte mich vor der Einsamkeit.

Strategem 8

GASTGEBER

Ich muss jemanden einladen, den ich nicht schätze, aber von dem ich mir einen Vorteil erhoffe.

Strategem 82

Meine Gäste beachten mich nicht.

Strategem 65

Ich bin eingeladen, weil ich dem Gastgeber nutzen kann.

Strategem 68

GEDULD

Meine Kinder behaupten, ich hätte nicht genügend Geduld mit ihnen.

Strategem 12

Mein Partner beschwert sich, dass ich keine Geduld für ihn aufbringe.

Strategem 20

Ich habe keine Geduld bei meiner Arbeit.

Strategem 21

Sei immer vorbereitet.

GEFAHR

Ich möchte Gefahr generell meiden.

Strategem 26

Ich suche nach einem Ausweg aus der Gefahr.

Strategem 10

Ich bin in akuter Gefahr.

Strategem 15

GEHEIMNISSE

Es gelingt mir nicht, ein Geheimnis zu bewahren.

Strategem 20

Ich bin ohne meinen Willen in ein Geheimnis eingeweiht worden.

Strategem 30

Man will mir ein Geheimnis entlocken.

Strategem 60

GEHORSAM

Immer muss ich einem Familienmitglied Gehorsam leisten.

Strategem 49

Meine Kinder wollen meinen Vorschlägen nicht folgen.

Strategem 65

Meine Angestellten führen meine Anweisungen nicht korrekt aus und glauben, ich würde es nicht wahrhaben.

Strategem 55

GELD

Jemand versucht, mich mit Geld für sein Vorhaben zu gewinnen.

Strategem 70

Ich würde gerne mehr Geld besitzen, aber das ist bei meiner Arbeit nicht möglich.

Strategem 24

Ich kann mit Geld einfach nicht umgehen.

Strategem 32

GERECHTIGKEIT

Ich habe etwas Gutes getan, aber man behandelt mich schlecht dafür.

Strategem 68

Ich muss jemanden ungerecht behandeln, obwohl ich weiß, dass er dies nicht verdient hat.

Strategem 50

Ich habe etwas Unrechtes getan, und man hat es gemerkt.

Strategem 53

GESCHÄFT

Ich möchte ein neues Geschäftsfeld erschließen.

Strategem 22

Ich will investieren, aber dabei kein Geld verlieren.

Strategem 24

Ich fürchte, dass das Geschäft mir schaden wird.

Strategem 40

Erfolg gebiert Erfolg.

GESCHÄFTSPARTNER

Ich suche den richtigen Partner für mein Unternehmen.

Strategem 93

Mein Geschäftspartner wird mir zu mächtig.

Strategem 52

Ich werde von meinem Geschäftspartner erpresst.

Strategem 43

GÄSTE

Ich will einen Gast fortschicken, da er mein Haus völlig okkupiert hat.

Strategem 47

Mein Gast hat mich beleidigt.

Strategem 48

Ich möchte meinen Gast für ein Vorhaben gewinnen.

Strategem 90

GESUNDHEIT

Das Erreichen meines Zieles schadet meiner Gesundheit.

Strategem 34

Ich muss wegen meiner Karriere verbergen, dass ich nicht gesund bin.

Strategem 20

Jemand will meiner Gesundheit schaden.

Strategem 68

GERÜCHTE

Ich will mich ohne Anstrengung gegen einen übermächtigen Gegner zur Wehr setzen.

Strategem 54

Ich möchte jemanden von meiner Absicht überzeugen.

Strategem 58

Ich möchte durch ein Gerücht einen Vorteil erheischen.

Strategem 71

GEWINN

Man macht mir meinen Gewinn streitig.

Strategem 55

Ich will den Gewinn vor meinen Partnern sichern.

Strategem 41

Ich habe meinen Gewinn verloren und möchte ihn zurückhaben.

Strategem 23

GEWISSEN

Ich habe ein schlechtes Gewissen und möchte diesen Zustand beenden.

Strategem 51

Man macht mir grundlos ein schlechtes Gewissen.

Strategem 42

Mein Partner sollte eigentlich ein schlechtes Gewissen haben, aber das ist offensichtlich nicht der Fall.

Strategem 69

Stolz wird bestraft.

HABSUCHT

Man bezichtigt mich grundlos, habsüchtig zu sein.

Stratagem 33

Ich möchte von der Habsucht meines Geschäftspartners profitieren.

Stratagem 83

Wegen meiner Habsucht scheint eine Geschäftsbeziehung bald beendet zu sein.

Stratagem 20

HEUCHELEI

Ich stelle fest, dass man sich mir gegenüber
heuchlerisch verhält.

Strategem 68

Ich muss heucheln, obwohl es mir widerstrebt,
um meinen Vorteil wahrzunehmen.

Strategem 82

Ich möchte Heuchelei in Zukunft vermeiden.

Strategem 21

INFORMATION

Ich weiß nicht, wie ich an die richtigen Informationen herankommen soll.

Stratagem 60

Ich fürchte, dass meine Informationen in falsche Hände geraten.

Stratagem 38

Ich weiß nicht, ob es gut ist, meine Informationen zurückzuhalten.

Stratagem 47

INVESTMENT

Ich will die beste Gelegenheit finden, zu investieren.

Strategem 74

Ich möchte andere davon überzeugen, mit mir gemeinsam in ein Geschäft zu investieren.

Strategem 72

Ich habe falsch investiert.

Strategem 23

JUGEND

Wann immer ich mit der Jugend konfrontiert werde, wird mir mein Alter bewusst.

Strategem 13

Ich will von der Jugend einen Vorteil für mich haben.

Strategem 65

Ich möchte gerne bei den jungen Leuten sein, aber man akzeptiert mich nicht.

Strategem 93

KAMPF

Ich weiß, dass mein Gegner stärker ist als ich.

Stratagem 18

Ich will meinen Gegner ohne große Anstrengung schlagen.

Stratagem 19

Ich kann den Kampf niemals alleine gewinnen.

Stratagem 65

Niemals grundlos handeln.

KINDER

Meine Kinder haben den Kontakt zu mir ab-gebrochen.

Strategem 65

Meine Kinder folgen mir niemals.

Strategem 100

Meine Kinder brauchen mich nicht mehr.

Strategem 11

KLATSCH

Ich hasse Klatsch, muss mich ihm aber anschließen, um meinen Vorteil wahrzunehmen.

Strategem 86

Ich leide darunter, dass über mich geklatscht wird.

Strategem 1

Ich möchte verhindern, dass über mich geklatscht wird.

Strategem 75

KONKURRENZ

Meine Konkurrenz wird zu mächtig und verringert meinen Gewinn.

Strategem 67

Ich will meine Konkurrenten loswerden.

Strategem 92

Ich will nicht einsehen, dass Konkurrenz gut für das Geschäft ist.

Strategem 41

KUNDSCHAFT

Die Kundschaft hat immer Recht, aber oft ist sie unerträglich.

Strategem 69

Ich habe ein neues Geschäft, aber die Kundschaft bleibt aus.

Strategem 65

Ich kann nicht rechtzeitig liefern, möchte aber meine Kundschaft nicht verlieren.

Strategem 51

LEBENSÜBERDRUSS

Ein Mitglied meiner Familie ist des Lebens überdrüssig.

Strategem 15

Einer meiner Freunde möchte sich das Leben nehmen.

Strategem 27

Ich selbst habe keine Freude mehr am Leben.

Strategem 13

LIEBE

Mein Geschäftspartner hat sich in mich verliebt.

Strategem 79

Ich will die Liebe einsetzen, um erfolgreich zu sein.

Strategem 82

Man gibt vor, mich zu lieben, um sein Ziel zu erreichen.

Strategem 68

*Das Unvollkommene schadet
dem Vollkommenen nicht.*

LÜGE

Ich werde angelogen und weiß nicht, ob ich die Sache klarstellen soll.

Strategem 76

Ich musste eine Notlüge anwenden.

Strategem 53

Ich weiß, dass mein ganzes Leben eine einzige Lüge ist.

Strategem 25

MANIPULATION

Ich merke, dass ich manipuliert worden bin.
Strategem 1

Meine Manipulation ist aufgedeckt worden.
Strategem 51

Ich werde zu einer Manipulation gezwungen.
Strategem 68

MARKETING

Meine Unternehmung bedarf eines neuen Marketings.

Stratagem 33

Ich weiß nicht, wann es Zeit für ein neues Marketing ist.

Stratagem 22

Mein Konkurrent imitiert mein Marketing.

Stratagem 52

MIETER

Ich möchte keinen Streit mit den Mietern im Haus.

Stratagem 87

Meine Mieter haben sich gegen mich verbündet.
Stratagem 61

Meine Mieter stellen immer mehr Forderungen an mich.

Stratagem 12

MISSERFOLG

Ich habe keinen Erfolg im Geschäft.

Strategem 10

Ich habe keinen Erfolg in der Liebe.

Strategem 29

Mein ganzes Leben ist ein Misserfolg.

Strategem 29

MITARBEITER

Die meisten Mitarbeiter verlassen mich nach einer gewissen Zeit.

Strategem 95

Meine Mitarbeiter versuchen mich zu betrügen.

Strategem 55

Ich finde keine geeigneten Mitarbeiter.

Strategem 102

Den Verdächtigen nicht foltern.

MOBBING

Ich werde gemobbt.

Strategem 37

Ich gehöre ohne mein Wissen zu einer Gruppe, die mobbt.

Strategem 42

Ich möchte jemandem helfen, der gemobbt wird.

Strategem 63

NACHBARN

Ich habe ständigen Streit mit meinen Nachbarn.

Stratagem 48

Ich lehne die enge Freundschaft, die mein Nachbar sucht, ab.

Stratagem 31

Mein Nachbar hat sich mit anderen gegen mich verschworen.

Stratagem 52

NEID

Ich bin krank vor Neid.

Strategem 21

Man beneidet mich um meinen Besitz.

Strategem 6

Ich bin auf meinen besten Freund oder meinen Partner neidisch.

Strategem 103

OPFER

Ich suche nach dem geeigneten Opfer.

Strategem 65

Ich bin selbst zum Opfer geworden.

Strategem 42

Ich bin zu einem Opfer geworden, erhalte aber keine Entschädigung.

Strategem 17

ORDNUNG

Man tadelt mich, unordentlich zu sein.

Strategem 20

Ich bin überordentlich.

Strategem 94

Ich leide unter der Unordnung meines Partners.

Strategem 93

PFLICHT

Man wirft mir vor, kein Pflichtbewusstsein zu haben.

Strategem 51

Ich leide unter meinem Pflichtbewusstsein.

Strategem 21

Ich will endlich frei sein, zu tun, was ich will.

Strategem 90

In der Wahrheit lebt die Lüge.

PLEITE

Ich habe Pleite gemacht und will von neuem beginnen.

Strategem 23

Ich habe Pleite gemacht, und jetzt meiden mich alle.

Strategem 65

Ich habe Pleite gemacht und weiß nicht, was ich nun tun soll.

Strategem 24

PRINZIPIEN

Jemand zwingt mich, meine Prinzipien aufzugeben.

Strategem 19

Ich bin mir meiner Prinzipien nicht mehr sicher.

Strategem 22

Wegen meiner Prinzipien habe ich keine Vorteile mehr.

Strategem 31

QUAL

Ich muss andere quälen, um mein Ziel zu erreichen.

Strategem 46

Andere quälen mich, damit sie ihr Vorhaben zu Ende führen.

Strategem 43

Man merkt nicht, dass man mich quält.

Strategem 69

RACHE

Ich fürchte, dass man sich an mir rächen wird.
Strategem 6

Ich bin mir nicht sicher, ob ich mich rächen soll.
Strategem 40

Ich möchte mich an jemandem rächen.
Strategem 62

RECHT

Was immer ich sage, niemand scheint mir Recht
zu geben.

Strategem 11

Mein Partner will immer im Recht sein.

Strategem 19

Ich habe Recht, aber keiner glaubt mir.

Strategem 58

REICHTUM

Ich habe den Reichtum, für den ich schwer ge-
arbeitet habe, verloren.

Strategem 23

Ich bin ein Sklave meines Reichtums geworden.

Strategem 33

Ich will meinen Reichtum für Gutes verwenden.

Strategem 27

Gerechtigkeit hat einen langen Arm.

REUE

Ich bereue eine Tat, aber ich kann sie nicht
mehr rückgängig machen.

Strategem 51

Ich bereue nicht, was ich getan habe, aber man
will mich dazu zwingen.

Strategem 98

Ich weiß nicht, ob ich es bereuen werde, wenn
ich mich denen anvertraue, die mir am meisten
Sympathie entgegenbringen.

Strategem 44

RUHM

Ich will berühmt sein.

Strategem 101

Ich leide unter meiner Berühmtheit.

Strategem 10

Ich habe Angst davor, berühmt zu werden.

Strategem 12

SCHAM

Ich schäme mich wegen meiner äußeren Er-
scheinung.

Strategem 103

Ich schäme mich für das, was ich getan habe,
aber es ist nicht mehr rückgängig zu machen.

Strategem 53

Ich schäme mich für einen anderen.

Strategem 69

SCHEIDUNG

Ich weiß nicht, ob ich mich scheiden lassen soll.

Strategem 5

Ich möchte mich wegen der Kinder nicht scheiden lassen.

Strategem 63

Ich will mich scheiden lassen, aber mein Ehepartner willigt nicht ein.

Strategem 92

SCHICKSALSSCHLAG

Ein schwerer Schicksalsschlag hat mich getroffen.

Stratagem 10

Meine Familie hat ein schwerer Schicksalsschlag ereilt.

Stratagem 32

Ich möchte dem Schicksal entfliehen.

Stratagem 26

Schönheit

Ich merke, dass meine Schönheit vergeht.

Stratagem 13

Ich bin in die Falle der Schönheit getappt.

Stratagem 68

Man streitet sich wegen meiner Schönheit.

Stratagem 59

Freundschaft hilft bei Fehlern.

SCHULD

Ich habe einen Fehler begangen, aber ein Schuldeingeständnis würde mir große Nachteile einbringen.

Strategem 51

Man will mich schuldig sprechen, obwohl ich unschuldig bin.

Strategem 42

Ich bin unschuldig, kann es aber nicht beweisen.

Strategem 58

SCHWEIGEN

Ich habe ein Geheimnis entdeckt und weiß nicht, ob ich darüber schweigen soll.

Strategem 76

Wenn ich nicht länger schweige, kann ich jemandem helfen, aber dann schade ich mir selbst.

Strategem 46

Man zwingt mich zu schweigen.

Strategem 43

SICHERHEIT

Ich suche immer den sicheren Weg, weshalb man mich kritisiert.

Strategem 20

Man bietet mir Sicherheit, und ich weiß nicht, ob ich sie gegen meine Freiheit eintauschen soll.

Strategem 22

Meine Unsicherheit lähmt mich.

Strategem 73

SPAREN

Ich möchte die Ersparnisse anderer verwenden.

Strategem 81

Ich will all meine Ersparnisse investieren.

Strategem 24

Ich habe alles Ersparte verloren.

Strategem 23

STREIT

Ich streite immer häufiger mit meinem Partner.

Strategem 3

Ich habe mich mit Geschäftsfreunden zerstritten.

Strategem 10

Der Streit mit meinem Kind ist eskaliert.

Strategem 11

STOLZ

Ich möchte endlich stolz auf mich sein.

Strategem 94

Mein Stolz ist verletzt worden.

Strategem 91

Ich habe keinen Grund mehr, auf mich stolz zu sein.

Strategem 98

Schöne Worte
gleichen einem schönen Kleid.

TEAMARBEIT

In unserem Team bin ich das schwächste Glied.

Strategem 94

Ich arbeite im Team, kann aber meine Aufgabe nur schlecht erfüllen.

Strategem 84

Die Teamarbeit füllt mich nicht aus.

Strategem 100

TOD

Ich möchte die Furcht vor dem Tod überwinden.

Strategem 26

Mein Partner ist gestorben.

Strategem 33

Man droht mir mit dem Tod.

Strategem 102

討

TRENNUNG

Ich leide unter der Trennung.

Strategem 21

Ich möchte eine Trennung vermeiden.

Strategem 5

Ich will eine Trennung so rasch wie möglich herbeiführen.

Strategem 46

TREUE

Mein Partner ist mir nicht treu.

Strategem 45

Ich möchte zwar treu sein, schaffe es aber nicht.

Strategem 66

Meine Freiheit ist mir wichtiger als treu zu sein.

Strategem 10

UNABHÄNGIGKEIT

Ich will endlich unabhängig werden.

Stratagem 9

Ich suche nach dem rechten Augenblick, mich selbstständig zu machen.

Stratagem 22

Ich will im Team arbeiten, aber gleichzeitig unabhängig sein.

Stratagem 31

UNGLÜCK

Mein Unglück ist das Ergebnis meines Miss-
erfolgs.

Strategem 21

Niemand hilft mir in meinem Unglück.

Strategem 106

Es hat mich jemand unglücklich gemacht.

Strategem 97

Kein Messer bleibt scharf.

VERLUST

Ich habe einen großen finanziellen Verlust erlitten.

Strategem 6

Ich möchte meinen Verlust in einen Gewinn umwandeln.

Strategem 88

Mein Leben gleicht einem permanenten Verlust.

Strategem 20

VERMIETER

Mein Vermieter hat mir gekündigt.

Strategem 49

Mein Vermieter stellt immer mehr Forderungen an mich.

Strategem 48

Ich verbünde mich mit anderen Mietern gegen den Vermieter.

Strategem 105

VERSPRECHEN

Ich verspreche etwas, obwohl ich weiß, dass ich mein Versprechen nicht halten kann.

Strategem 102

Mir wurde etwas versprochen, und ich weiß, dass dieses Versprechen nicht gehalten werden wird.

Strategem 65

Ich verspreche ungern etwas, aber jetzt bin ich dazu gezwungen.

Strategem 89

VERSTÄNDNIS

Ich bin stets voller Verständnis für andere, aber keiner merkt es.

Strategem 96

Niemand hat Verständnis für meine Belange, obwohl ich selbst bei anderen immer für alles Verständnis haben soll.

Strategem 27

Ich möchte ein tieferes Verständnis mit meinem Partner erreichen.

Strategem 108

計

Verteidigung

Ich muss mich gegen meine Feinde verteidigen.

Strategem 80

Ich habe mich gegen falsche Anschuldigungen zu verteidigen.

Strategem 42

Ich muss mich gegen einen übermächtigen Feind verteidigen.

Strategem 64

VERTRAUEN

Ich vertraue Fremden zu schnell.

Strategem 74

Wenn ich Menschen nur noch mit Misstrauen begegne, werde ich nicht glücklicher.

Strategem 66

Man hat mir eine Aufgabe anvertraut, die ich nicht bewerkstelligen kann.

Strategem 106

Einheit birgt Trennung.

VERWANDTE

Ich komme mit meinen Verwandten nicht klar.

Strategem 100

Meine Verwandten sonnen sich in meinem Erfolg.

Strategem 89

Meinen Verwandten geht es finanziell viel besser als mir.

Strategem 79

Verzeihung

Ich kann anderen nicht verzeihen.

Strategem 20

Ich kann mir selbst nicht verzeihen.

Strategem 21

Obwohl ich meine Tat bereut habe, verzeiht man mir nicht.

Strategem 53

Vorsicht

All meine Fehler geschahen, weil ich nicht vorsichtig genug war.

Strategem 101

Ich war zu vorsichtig, deshalb habe ich meine Chance verpasst.

Strategem 70

Ich bin vorsichtig, die anderen aber übermütig.

Strategem 93

WAHRHEIT

Ich kann die Wahrheit nicht ertragen.

Strategem 21

Ich kann die Wahrheit nicht erkennen.

Strategem 2

Es gibt einen, der die Wahrheit kennt, aber er verrät sie mir nicht.

Strategem 55

WETTBEWERB

Ich weiß, dass meine Mitbewerber stärker sind als ich.

Strategem 64

Ein Wettbewerber zeigt Schwächen.

Strategem 16

Ich möchte der Beste bleiben.

Strategem 37

WILLE

Man zwingt mich, etwas gegen meinen Willen zu unternehmen.

Strategem 19

Mein Wille ist sehr ausgeprägt, aber ich finde keine Gelegenheit, ihn Gewinn bringend einzusetzen.

Strategem 24

Ich muss mich stets dem Willen anderer unterordnen.

Strategem 34

Mach dir die Fähigkeiten zu Eigen.

WÜNSCHE

Ich habe zu viele Wünsche auf einmal.

Strategem 29

Ich bin nicht fähig, mir meine eigenen Wünsche zu erfüllen.

Strategem 24

Ich bin nicht in der Lage, den Wünschen anderer nachzukommen.

Strategem 27

ZEITPUNKT

Ich will den richtigen Zeitpunkt für meine Unternehmung finden.

Stratagem 22

Ich habe den richtigen Zeitpunkt verpasst.

Stratagem 20

Ich muss handeln, obwohl ich weiß, dass der Zeitpunkt eigentlich nicht der richtige ist.

Stratagem 7

ZORN

Ich kann meinen Zorn nicht unter Kontrolle halten.

Strategem 21

Ich weiß, dass man mir zürnt, doch ich weiß nicht, womit ich den Zorn der anderen besänftigen soll.

Strategem 98

Der Zorn gegen mich ist ungerechtfertigt, aber ich kann niemanden davon überzeugen.

Strategem 58

ZUKUNFT

Ich fürchte mich vor dem, was die Zukunft bringen wird.

Strategem 6

Ich weiß, dass ich nicht in der Lage bin, meiner Familie eine gute Zukunft zu bieten.

Strategem 24

Meine Beziehung wird keine Zukunft haben.

Strategem 34

ZWANG

Ich kann den Zwang nicht länger aushalten, es wird mir alles zu viel.

Strategem 34

Man zwingt mich, etwas gegen meinen Willen zu tun.

Strategem 19

Ich zwinge mich dazu, anders zu sein, als ich in Wirklichkeit bin.

Strategem 20

ZWEIFEL

Ich werde meine Zweifel nicht los.

Strategem 32

Man zweifelt grundlos an mir.

Strategem 94

Nur der Zweifel bringt mich weiter.

Strategem 36

Alles erreicht sein Ziel.